AF586552

ROBESPIERRE,

TRAGÉDIE

EN CINQ ACTES ET EN VERS,

Par un ci-devant Belge.

Prix, un franc 50 centimes.

A PARIS,
Chez Amable COSTES, Libraire, quai des Augustins, n.° 29;
ET A BRUXELLES,
Chez Adolphe STAPLEAUX, Imprimeur-Libraire, rue de la Magdelaine, n.° 407.
1807.

PERSONNAGES.

ROBESPIERRE.

ÉMILIE, sa fille.

FLORVILLE, sénateur.

FLORVILLE, fils.

TURMON, commandant des Marseillois.

ÉDELMONT, confident de Florville.

PALMA, confidente d'Émilie.

CONJURÉS.

MARSEILLOIS.

ROBESPIERRE,

TRAGÉDIE.

ACTE PREMIER.

SCÈNE PREMIÈRE.

ÉMILIE, PALMA.

PALMA.

Quel transport tout à coup, séduisante Émilie,
Semble vous rappeler aux plaisirs de la vie;
Votre cœur inconstant, par un nouvel amour,
Aurait-il oublié Florville dans ce jour ?

ÉMILIE.

Peux-tu croire, Palma, que mon ame légère,
Délaissant mon amant, à d'autres soit prospère ?

PALMA.

Je ne sais; mais voyant la joie et les plaisirs
Qui remplacent dans vous les pleurs et les soupirs;
Je ne peux m'empêcher de craindre pour Florville;
Quoi que vous en disiez je ne suis pas tranquille.

ÉMILIE.

Palma, rassure-toi, mon cœur n'a pas changé;
Ton injuste soupçon l'a trop vîte jugé.
Jamais d'autre mortel ne me rendra sensible;
A tout autre que lui je veux être inflexible.

Si j'ai séché les pleurs qui coulaient de mes yeux,
C'est que le Ciel prospère exauce enfin mes vœux.

PALMA.

Florville......

ÉMILIE.

Devant vous il va bientôt paraître:
Il revit ce matin les murs qui l'ont vu naître.

PALMA.

Sans doute, son retour couronnera ses feux.
Rien ne s'oppose plus à ce qu'il soit heureux.
La gloire qu'il acquit dans les champs de Bellone,
Repoussant d'entre nous les partisans du trône,
Lui sera le garant que sa constante ardeur
Se récompensera du don de votre cœur.

ÉMILIE.

J'attendrai sur ce point la volonté d'un père.

PALMA.

Madame, croyez-vous qu'elle lui soit contraire?
Quand il quitta ces lieux appelé par l'honneur,
Votre père lui dit : « Vas te rendre vainqueur
« Des tyrans étrangers menaçant la patrie;
« Pour prix de tes exploits je te donne Émilie. »
Aujourd'hui qu'il revient couronné de succès,
Robespierre peut-il, formant d'autres projets,
Par un motif injuste, ou tout au moins frivole,
A ce jeune héros retirer sa parole?

ÉMILIE.

Non, je ne le crois pas; sa gloire est le garant
Que mon père, en ce jour, fidèle à son serment,
Unira nos maisons par la plus douce chaîne.
Mais cet espoir dans moi se ternit par la peine.
Paris n'est pas tranquille; en proie aux factions,
Ses murs fument du sang de nos divisions.

Chaque jour le trépas exerce son empire;
Sans pouvoir arrêter le coupable délire
De l'aveugle parti du trône et de l'autel,
Animé contre nous d'un courroux éternel.

PALMA.

Qu'importe les efforts d'un parti qui succombe;
Que peut-il faire alors qu'il descend dans la tombe?
La liberté triomphe, et son peu d'ennemis
Bientôt ne sera plus, ou bien sera soumis.

ÉMILIE.

On le croit abattu, mais ne peut-il renaître?
Loin de s'anéantir il sommeille peut-être.
C'est aujourd'hui, Palma, que, lasse de ses maux,
Voulant sur les Français ramener le repos,
Le sénat assemblé par un auguste titre,
Du bonheur de l'état rend mon père l'arbitre.
Mais je crains que ce jour, loin d'amener la paix,
Ne donne la naissance à de nouveaux forfaits,
Que le suprême rang soit marqué par le crime,
Et que mon père, hélas, n'en devienne victime.

PALMA.

Faites trêve, madame, à ces vaines terreurs.
Si la raison ne peut combattre vos erreurs,
Que d'un amant chéri le retour, la présence,
Chassent de votre cœur la triste défiance.

ÉMILIE.

Oui, Palma, son aspect me rendra le repos;
Il n'est plus de danger auprès de ce héros;
C'est pour notre secours que le Ciel le renvoie.
Il vient....., mon cœur palpite et d'amour et de joie.

SCÈNE II.

LES MÊMES; FLORVILLE, FILS.

FLORVILLE, fils.

IL est enfin venu ce moment fortuné,
Où par le plus doux nœud mon amour couronné
Doit obtenir le prix de la persévérance.
Nos ennemis vaincus, réduits à l'impuissance,
Permettent à mon cœur de vous offrir des jours
Dont mon pays sauvé rejette le secours.

ÉMILIE.

Florville, mon destin sera digne d'envie,
Si, comme les Français, vous servez Émilie.

FLORVILLE, fils.

En pouvez-vous douter ? Les plus brillans succès
Qui, dans les champs flamands, couronnaient les Français,
N'ont pu jamais de vous détourner ma pensée.
Votre image, sans cesse, en mon cœur fut gravée.
Dans les combats sanglans, où voltigeait la mort,
Où tant de fiers soldats ont terminé leur sort,
Votre aspect me guidait à travers le carnage ;
C'est à lui que je dus mes exploits, mon courage.

PALMA.

Permettez que j'exprime ici ses sentimens.
Commp vous Émilie est fidèle aux sermens
Que son cœur vous jura lorsque l'Europe armée
Vous fit quitter l'amour pour voler à l'armée.
Depuis ce prompt départ ce fut fait des plaisirs.
La gaîté disparut et fit place aux soupirs.
Tremblante sur vos jours, dans son inquiétude,
On la vit, loin du bruit, chercher la solitude;
Élevant vers son Dieu de suppliantes mains,
Pour qu'il daigna, seigneur, conserver vos destins.

FLORVILLE, fils.

Quel heureux jour pour moi ; les longueurs de l'absence
N'ont pu sur votre cœur détruire ma puissance :
Ces discours sont ici de fidèles garans.
Je vous revois constante à vos premiers sermens :
Je ne puis en douter. Mais votre voix chérie
Ne me doit-elle pas les aveux d'Émilie ?

ÉMILIE.

Seigneur, mon père vient ; qu'il consente à vos feux,
Et vous saurez alors quels sont mes plus chers vœux.

SCÈNE III.

ROBESPIERRE ; FLORVILLE, FILS.

ROBESPIERRE.

DIGNE fils des héros, défenseur de la France,
Jeune guerrier de qui les exploits, la vaillance,
Confondent des tyrans les projets meurtriers ;
Il m'est doux de te voir, couronné de lauriers,
Revenir dans Paris sur l'aîle de la gloire.

FLORVILLE, fils.

Si j'ai contribué, seigneur, à la victoire
Qui maintient des Français l'auguste liberté ;
Si mon faible travail, par vos soins trop vanté,
Fut dans les champs de Mars utile à ma patrie ;
La gloire en est à vous, qui, m'offrant Émilie,
Fit naître dans mon sein la généreuse ardeur
De creuser mon cercueil si je n'étais vainqueur.

ROBESPIERRE.

Émilie est à toi, je t'en fais la promesse ;
Mais, avant de livrer ton cœur à la tendresse,
Il faut encor combattre : il est des ennemis
Qui, malgré nos travaux, ne nous sont pas soumis.

FLORVILLE, fils.

Nommez-les-moi, seigneur, je vole à leur rencontre.

ROBESPIERRE.

C'est dans le secret seul que leur dessein se montre.
Inconnus dans Paris, leurs projets ténébreux
D'un mistère profond se voilent à nos yeux.
De nos représentans ils menacent la tête ;
Chaque jour, chaque instant, voit croître la tempête.
Pour tromper leur fureur, on dresse l'échafaud,
On appelle sur eux le glaive du bourreau ;
Ils tombent par millier, et la hache fatale
Jour et nuit les envoie à la rive infernale,
Sans pouvoir les détruire. Il semble que leurs sangs
Vient redonner la vie à de nouveaux vivans,
Qui, s'armant contre nous de sentimens de haine,
Pour nous percer le sein, bravent la mort sans peine.
C'est en vain, ô mon fils, que nos soldats heureux
Sont du nord au midi toujours victorieux,
Et que dans la poussière ils plongent le superbe ;
Leurs étendards bientôt seront cachés sous l'herbe,
Si les Français unis, faisant un juste effort,
De ces piéges secrets n'arrêtent pas l'essor.

FLORVILLE, fils.

Que ne puis-je, moi seul, désarmer tous ces traîtres,
Qui veuillent, sans rougir, se redonner des maîtres !

ROBESPIERRE.

Ces agens de l'erreur, soutien d'un potentat,
Se sont glissés dans tous les ordres de l'état.
Leur ame, par nos coups, est à peine troublée.
On les voit dans le peuple, au sein de l'assemblée,
Par des moyens obscurs, soutenir les tyrans,
Et de la liberté saper les fondemens.
Mais ce jour, cependant, leur deviendra funeste ;
Je vois de leur parti s'anéantir le reste.

Aujourd'hui le sénat s'unit aux Jacobins,
Pour venir déposer son pouvoir en mes mains;
Justifiant le choix qu'il fait dans sa prudence,
J'espère des Français terminer la souffrance;
Ou, si le sort fatal vient détruire mes soins,
Mes yeux, j'en fais serment, n'en seront pas témoins:
Je ne fléchirai pas sous un joug tyrannique;
Ma tête doit tomber avant la république.

FLORVILLE, fils.

Seigneur, employez-moi, je vous offre mon bras;
Mon cœur brûle déjà de courir aux combats.
Chargeons de fers les mains de ces vils satellites;
Hâtons-nous de les joindre et d'arrêter leurs fuites.

ROBESPIERRE.

Quand s'armera contre eux le Dieu fort et vengeur,
Qui, sur un peuple libre, épanche sa faveur,
Je t'enverrai, mon fils, au poste de la gloire,
Fixer sous nos drapeaux l'inconstante victoire.
Si de ces factions nous revenons vainqueurs,
Si dans le froid tombeau rentrent leurs lâches cœurs,
Il n'est plus d'ennemi qui soit pour nous à craindre,
Plus de tyran qui puisse à son joug nous contraindre.
Alors nous cesserons de nous percer le flanc;
Pour la dernière fois aura coulé le sang:
Les Français réunis sous de meilleurs auspices,
Des douceurs de la paix goûteront les délices.

FLORVILLE, fils.

Ah! Pourquoi tarde-t-il ce moment bienheureux,
Où Thémis triomphante, accomplissant nos vœux,
Régira nos climats par des lois équitables?
N'est-il pas parmi nous quelques ames capables
D'unir par leur pouvoir les partis divisés,
De ramener la paix au milieu des Français?
O France! ô mon pays! c'est assez de victoire;
L'univers fléchissant rétentit de ta gloire;

Les peuples du midi, les nations du nord,
Ont courbé devant toi pour éviter la mort.
Remets dans le fourreau ton épée homicide;
Voilà le temps d'y joindre une gloire solide.
Du peuple le plus grand et le plus glorieux,
Fais-en aussi celui qui soit le plus heureux.

ROBESPIERRE.

Le moment n'est pas loin; ton ame satisfaite
Verra bientôt finir cette horrible tempête:
Encore un peu de sang je sauve mon pays,
Et sous de justes lois j'unis tous les partis.
Mais c'est trop t'arrêter, avant l'heure fatale,
Où tant d'humains iront sur la rive infernale;
Vas te livrer encore une fois aux amours;
C'est peut-être pour nous le dernier de nos jours.

FLORVILLE, fils.

Quel que soit notre sort il sera digne d'envie;
Heureux si notre sang peut sauver la patrie.

SCÈNE IV.

ROBESPIERRE.

Il luit enfin ce jour qui doit de mon orgueil
Contenter les désirs, ou creuser mon cercueil.
Le peuple épouvanté par la hache fatale
Va m'offrir en tremblant la puissance royale,
Non sous le titre vain de son roi, de seigneur,
Que la plupart encor rejette avec horreur;
Mais sous un nom plus doux, surtout plus populaire,
Qui, dans ces jours de sang, lui paraît nécessaire.
Il veut un dictateur pour s'habituer au frein;
N'importe sous quel nom je suis son souverain.
La puissance fait tout, non les titres suprêmes;
Elle seule soutient l'honneur des diadèmes.

SCÈNE V.

ROBESPIERRE, TURMON.

ROBESPIERRE.

Eh bien, Turmon.

TURMON.

Seigneur, le sénat est séduit;
Les Marseillois armés sont répandus sans bruit
Aux postes importans qui commandent la ville.
Mais sur ce grand projet mon cœur n'est pas tranquille.

ROBESPIERRE.

Quelle vaine terreur peut ainsi te troubler?
Au moment des grands coups te verrai-je trembler?
Tu n'es donc plus, Turmon, ce soldat sanguinaire,
Commettant sans remords un crime nécessaire?
Ah! si tu devais craindre, il fallait y penser
Avant que dans le sang ton cœur osa puiser.
C'est au deux de septembre, où nombre de victimes,
En tombant sous ton fer, t'instruisirent aux crimes,
Qu'il fallait arrêter tes implacables mains,
Et non pas quand le Ciel couronne nos desseins.

TURMON.

Seigneur.......

ROBESPIERRE.

Je t'aperçois, sur ce lieu de carnage,
Les yeux étincelans, le cœur rempli de rage,
Frapper nos ennemis à défaut de bourreaux;
Insulter leur cadavre, et le mettre en lambeaux.
La voix des malheureux périssant à ta vue;
Ceux que ton bras sanglant lui-même égorge et tue;
Les accens du malheur, les cris du désespoir,
Ne purent dans ce jour un instant t'émouvoir.
Et cette infortunée et royale victime,
Lamballe, le plus grand des attentats du crime,

Ne fut-ce pas ta main qui vint la moissonner?
Ses charmes, ses attraits, t'ont-ils fait pardonner?
Son sang issu des rois, sa beauté, sa jeunesse,
Purent-ils l'échapper de ta main vengeresse?
En vain la mort l'arrache à ton ressentiment;
Sur ses membres épars, ta haine s'acharnant,
Sut encor les priver des honneurs de la tombe.
Ce forfait, sous lequel l'esprit humain succombe,
Aurait dû dans le temps éveiller le remord,
Et non pas aujourd'hui que nous entrons au port.

TURMON.

La voix des préjugés et de ma conscience,
N'exerce pas encor sur mon cœur sa puissance;
Je laisse à l'homme faible écouter ses vains sons:
J'ai pour me diriger de meilleures leçons.
Si je crains ce n'est pas l'ombre de mes victimes;
J'ai long-temps oublié si j'ai commis des crimes.
L'instant qui termina leurs déplorables jours,
De ces vains répentirs sut emporter le cours.

ROBESPIERRE.

Lâche, que crains-tu donc?

TURMON.

La mort. Il est un terme,
Où, contre l'ouragan, le cœur en vain tient ferme;
Où, malgré son courage, il doit enfin tomber.

ROBESPIERRE.

Ainsi, tu crains, ami, de me voir succomber.

TURMON.

Qui s'élève trop haut ne peut plus que descendre.
Robespierre, à mes vœux, daigne une fois te rendre:
Cette soif de régner où t'entraîne ton cœur,
Ne peut sur ton parti qu'amener le malheur.

ROBESPIERRE.

Si tes lâches conseils étaient mis en usage,
On verrait avant peu s'accomplir ton présage.

Ce n'est pas par l'amour que le peuple français,
Dans un calme profond, seconde nos projets ;
La peur seule le tient sous le frein tyrannique.
Otons ce joug de fer, bientôt la république,
Reprenant son pouvoir, par la crainte perdu,
Fera tomber sur nous le glaive suspendu.
Nos crimes sont trop grands, notre haine trop noire,
Pour que l'homme jamais en perde la mémoire.
Le trône peut lui seul absoudre nos forfaits,
Détruire les partis et nous rendre la paix.
On excuse aisément celui que l'on couronne ;
Les vices sont vertus quand on est sur le trône.

TURMON.

Je vois présentement qu'il n'est que ce projet
Qui peut nous affranchir du redoutable arrêt
Qui doit de nos forfaits un jour être la suite ;
Que nous ne pouvons même éviter par la fuite.

ROBESPIERRE.

Nous fuir ! Est-il encor quelques sombres déserts,
Quelques antres obscurs, au sein de l'univers,
Où n'a pas pénétré le récit de nos crimes ?
Partout nous trouverions de nos tristes victimes,
Des bras vengeurs, armés pour frapper, pour punir.
Dis-moi, par quel haut fait saurons-nous les fléchir ?
Sera-ce par le sang d'une sœur, d'une mère,
Par celui d'une amante, ou d'un père, ou d'un frère,
Que nos mains, sans remords, plongèrent au tombeau ?
Nous qui de tant de jours éteignant le flambeau,
Avons acquis l'horreur que nous porte le monde ;
Vois sur quel titre vain, ton fol espoir se fonde.

TURMON.

Oui, pour nous, il n'est plus que le trône ou la mort !
Eh bien ! aveuglément je me livre à mon sort.
L'approche du danger me rend tout mon courage.
Quels que soient vos destins, ils seront mon partage.

SCÈNE VI.

ROBESPIERRE.

POURRIONS-NOUS succomber..., ô sentimens affreux !
Sur l'échafaud sanglant, où tant de malheureux
Ont fini leurs destins, quoique dans l'innocence,
Nous irions donc aussi terminer l'existence ?
Image de la mort, fuyez, éloignez-vous ;
Trône où mon cœur prétend soutenez mon courroux ;
Que votre aspect puissant affermisse mon ame,
Et se grave en mon sein sous les traits de la flamme.

FIN DU PREMIER ACTE.

ACTE II.

SCÈNE PREMIÈRE.

FLORVILLE, PÈRE; ÉDELMONT.

FLORVILLE, père.

Dans ces lieux écartés, nous sommes seuls enfin;
Dis-moi, brave Édelmont, espérons-nous en vain?
Le tyran pourra-t-il éviter notre atteinte?
Ce jour devra-t-il être encore un jour de crainte?

ÉDELMONT.

Si j'en crois les sermens prononcés devant moi,
Le tyran va cesser de nous donner la loi.
Jamais projet hardi ne fut conçu si vîte,
Et ne promit jamais si belle réussite.
Nos amis assemblés, tout d'un commun accord,
Ont juré du tyran et la chûte et la mort.
Leur magnanime front, au nom de Robespierre,
Se couvre des transports d'une ardente colère.
Un chacun d'eux demande à frapper le premier,
Et nul dans ce beau coup ne veut être dernier.
S'il est un juste Dieu, propice à l'innocence,
Leurs poignards aiguisés vont finir sa puissance.

FLORVILLE, père.

Je n'attendais pas moins de ces braves soldats.

ÉDELMONT.

Pour sauver la patrie, ils ont armé leurs bras.
Le péril ne peut rien sur leur ame sublime;
Ils méprisent la mort, s'ils punissent le crime.
Mais les voici, seigneur, qu'ils s'avancent vers vous;
Par vos avis prudens, dirigez leur courroux.

SCÈNE II.

LES MÊMES, CONJURÉS.

FLORVILLE, père.

VOUS, de qui l'honneur seul en ce jour est le guide,
Qu'arme le bien public, que la vertu préside ;
Intrépides mortels, voici l'instant heureux,
Où se vont terminer nos projets généreux.
Le Ciel entre nos mains a remis sa vengeance.
Aujourd'hui le tyran, sous qui gémit la France,
Dans le sénat séduit par un piége trompeur,
Doit se faire donner le rang de dictateur.
Se confiant, sans craindre, à son pouvoir suprême,
Sans gardes, il viendra se livrer de lui-même
Aux poignards destinés à lui percer le cœur.
Amis, il faut alors le frapper sans terreur.
Quand le mot de pouvoir sortira de sa bouche,
Entourons à l'instant le despote farouche,
Et que cent coups tombant dans son coupable sein,
Lui tranchant l'existence, avorte son dessein.
Pour animer vos bras il n'est pas nécessaire
De nommer les forfaits qui souillent sa carrière :
La France dans le deuil et nageant dans le sang,
Au milieu de Paris, l'échafaud permanent,
Nos champs infructueux, leurs châteaux mis en poudre,
L'empire chancelant et près de se dissoudre,
Sont de notre tyran les moindres attentats.
Le désir de monter au rang des potentats
Occupe seul son cœur ; et ce brillant fantôme
Ne laisse plus en lui rien qui tienne de l'homme.
C'est un tigre altéré de carnage et de sang,
Qui trouve le bourreau à nous frapper trop lent,
Qui voudrait nous unir sous une même tombe,
Et nous offrir au Ciel en forme d'hécatombe.
Où pourrai-je trouver d'assez noires couleurs,
Pour vous représenter nos maux et ses fureurs ?

Comment

Comment pouvoir tracer les tragiques histoires ;
Qui, du peuple français, ternissent les victoires ?
L'innocence traînée au pied de l'échafaud ;
La beauté succombant sous le fer du bourreau ;
Les nobles, les puissans, courbant leur tête altière ;
Les derniers des humains sortant de la poussière ;
La jeunesse, le sexe et l'âge et la vertu,
Avec le criminel ensemble confondu.
Mais pourquoi ranimer l'ombre de ces victimes,
Quand l'avenir nous offre encor de nouveaux crimes ?
S'il a rempli la France et de pleurs et de deuil,
Pour s'emparer d'un rang où visait son orgueil,
Que ne fera-t-il pas pour conserver le trône ?
Celui qui par le sang s'acquiert une couronne
Ne peut la maintenir qu'en répandant le sang.
Au milieu des honneurs, tout son cœur est tremblant ;
Il voit des ennemis jusque dans ses complices,
Et ne calme sa peur qu'à force de supplices.

UN CONJURÉ.

Cessez de nous offrir ces tableaux odieux ;
Nous les avons assez présens devant les yeux.
Il n'est aucun besoin de rembrunir leurs teintes,
Pour animer nos cœurs et repousser nos craintes.
Quel que soit le danger, nous allons y courir ;
Pour sauver la patrie, il est doux de mourir.

DEUXIÈME CONJURÉ.

Chacun de nous, seigneur, a la même pensée ;
Au nom seul du tyran, notre oreille est blessée.

TROISIÈME CONJURÉ.

Laissons là ces vains mots, venons-en à l'effet ;
C'est le fer à la main qu'on montre ce qu'on est.

FLORVILLE, père.

Jurez donc devant moi que, pour votre patrie,
Vous saurez, sans terreur, exposer votre vie ;

Que nous aurons vengeance, ou-que nous périrons.
Faites-en le serment.

TOUS LES CONJURÉS.

A Dieu, nous le jurons.

FLORVILLE, père.

Allez attendre, amis, que le moment propice
Vienne permettre enfin de nous faire justice.
Mon fils dans le sénat viendra se joindre à vous;
Je destine à sa main l'honneur du premier coup.
Cette main qui conquit la superbe Belgique,
Qui, dans le champ de Mars, sauva la république,
Doit être la première à frapper le tyran.
Alors souvenez-vous quel est votre serment.
Par de nobles efforts, vengez votre patrie
Du sang que fit couler les jours de tyrannie.

SCÈNE III.

FLORVILLE, père.

Toi, dont le bras puissant fait mouvoir l'univers,
Qu'honorent les humains par cent cultes divers,
Sublime Auteur du tout, daigne être favorable
Aux vœux d'un peuple entier que le malheur accable.
Que ta bonté l'arrache au règne d'un tyran,
Qui se fait un plaisir de répandre le sang;
Et si c'est un forfait d'attenter sur le crime,
Délivre les Français et prends-moi pour victime.

SCÈNE IV.

FLORVILLE, PÈRE; FLORVILLE, FILS.

FLORVILLE, père.

Approche-toi, mon fils, il est temps qu'à tes yeux
Vienne se dévoiler un projet généreux.
C'est en vain que ton bras, au loin de nos frontières,
En repoussant des rois les phalanges guerrières,

Dans le champ de l'honneur se couvrit de succès ;
Tu n'as rien fait encor pour le bien des Français.
De plus brillans travaux attendent ta vaillance.

FLORVILLE, fils.

Si vous croyez mon bras nécessaire à la France ;
Ordonnez, je suis prêt à faire mon devoir.
Sur votre fils soumis vous avez tout pouvoir.
Je sais que l'ennemi pour nous le plus à craindre
N'est pas celui qu'à fuir ma main a su contraindre.
Il en est un encore au milieu de Paris
Qui médite en secret les coups les plus hardis.
Mais où se cache-t-il, quelle main invisible
Peut dérober sa trame au Français invincible ?

FLORVILLE, père.

Écoute-moi, mon fils : quand de la liberté
Nos bras vinrent planter l'étendard respecté ;
Nous jurâmes alors de perdre notre vie,
Plutôt que de souffrir qu'elle nous soit ravie.
Te souvient-il encor d'avoir fait ces sermens ?

FLORVILLE, fils.

Mes services, seigneur, n'en sont-ils pas garans ?

FLORVILLE, père.

Eh bien ! voilà l'instant de te montrer fidèle,
D'acquérir d'un seul coup la gloire la plus belle.
Au nom que ton pays t'a donné de vainqueur,
Tu peux joindre celui de son libérateur.

FLORVILLE, fils.

Moi !

FLORVILLE, père.

Toi-même. Le sang, les crimes, l'infortune,
Qui souillent de Paris chaque jour la commune,

Finiront par la mort d'un seul homme.

FLORVILLE, fils.

Son nom ?

FLORVILLE, père.

Tu vas frémir.

FLORVILLE, fils.

Grand Dieu ! quel odieux soupçon !
Achevez, montrez-moi tout ce que je dois craindre.

FLORVILLE, père.

O Florville ! ô mon fils ! combien il faut te plaindre !
Je connais ton amour, je n'ose te nommer. . . . . .

FLORVILLE, fils.

Robespierre ?

FLORVILLE, père.

A regret je dois te confirmer
Le nom de l'oppresseur que prononce ta bouche.
Oui, c'est ce vil tyran, ce despote farouche,
Qui de deuil et de sang rougit ce sol heureux. . . . .

FLORVILLE, fils.

Le père d'Émilie, ô regrets douloureux !

FLORVILLE, père.

Se jouant sans effroi des plus saintes maximes,
Il prêche les vertus et règne par les crimes.
De l'univers entier il veut la liberté,
A tout le genre humain jure fraternité,
Aux cultes différens promet la tolérance,
Tandis que par lui-même il enchaîne la France
Sous un lien plus fort que celui des tyrans.

FLORVILLE, fils.

Que le bonheur, hélas ! se passe en peu d'instans !

FLORVILLE, père.

Pleure, pleure, mon fils, tes maux veuillent des larmes;
Je sais combien pour toi l'amour avait de charmes.
Je ne puis condamner cette juste douleur;
Si tu ne la sentais, tu n'aurais pas de cœur.
Mais après il faudra triompher de ta flamme;
Une autre passion est faite pour ton ame.
La patrie implorant ton secours et ton bras,
Du tigre qui l'opprime exige le trépas.
Elle remit en toi sa plus chère espérance;
Par tes mains elle espère aujourd'hui sa vengeance.

FLORVILLE, fils.

Que la France plutôt finisse ses destins,
Avant qu'à ce projet j'aille donner les mains;
Que ses propres enfans déchirent ses entrailles;
Qu'ils remplissent ses murs de sang, de funérailles;
Qu'on ne voie que le meurtre et les proscriptions;
Qu'elle ne soit plus même au rang des nations.....;
Mais que dis-je, insensé, je sens que je m'égare;
Le trouble, la douleur, rendent mon cœur barbare.
Mon père, soutenez, secourez votre fils;
Il ne sait ce qu'il fait, il ne sait ce qu'il dit;
Prenez pitié de lui, que, par votre sagesse,
L'honneur vienne lui faire abjurer sa faiblesse.

FLORVILLE, père.

Mon fils, je plains tes maux, je voudrais les finir;
Mais l'honneur a parlé, c'est à nous de l'ouïr.
Ton amour doit se taire à sa voix formidable.

FLORVILLE, fils.

Hélas, est-il bien vrai qu'il soit aussi coupable?

FLORVILLE, père.

Si ses crimes ne sont pas venus jusqu'à toi,
Et si tu peux douter un moment de ma foi,

2...

Je veux que tu n'en croie, ô mon fils, que toi-même.
Nous irons au sénat, et si du rang suprême
Le tyran refusait de se ceindre le front,
Je te permets alors d'en croire ce soupçon,
D'embrasser ses genoux, de le nommer ton père.
Mais tu dois me jurer, que, dans le cas contraire,
Ton bras pour ton pays s'armera le premier,
Et dans son cruel cœur plongera tout entier.

FLORVILLE, fils.

Moi, que j'aille frapper le père d'Émilie,
Que mes barbares mains attentent sur sa vie;
Seigneur, n'espérez pas ce courage de moi.
Je sais qu'un triste honneur veut, par sa dure loi,
Qu'abjurant les amours, je quitte mon amante:
Mon trépas avant peu remplira son attente.
Mais, dans la sombre nuit où me plonge ma main,
Je ne puis emporter le titre d'assassin.
L'honneur, jusqu'à ce jour, de mes pas fut le guide;
Je ne le perdrai pas par un lâche homicide.

FLORVILLE, père.

Je ne veux pas répondre à tes vains argumens;
La tranquille raison ne peut rien sur tes sens.
Le tableau de nos maux peut seul s'y faire entendre.
Puisse ma faible voix te forcer à te rendre.

FLORVILLE, fils.

N'achevez pas, mon père, il est devant mes yeux;
Je sais assez combien il fit de malheureux;
Combien ont succombé de mortels respectables,
De Français vertueux et d'humains non coupables.
Je connais ses forfaits, tout mon cœur en est plein,
Sans éteindre le feu qui brûle dans mon sein.

FLORVILLE, père.

Sont-ce là les leçons que ton père te donne.
C'en est fait, à ton sort, ingrat, je t'abandonne.

Tes désirs, avant peu, vont être satisfaits :
Bientôt commencera le règne des forfaits :
La France va tomber, et ton malheureux père
Touche l'un des premiers à son heure dernière ;
Tes regards le verront traîner sur l'échafaud,
Et comme un criminel dans les mains du bourreau,
Par un honteux trépas finir sa destinée.
Sous cet auspice affreux, forme ton hyménée ;
Qu'il t'endurcisse au crime, aux images de mort,
Et te fasse goûter un bonheur sans remord.

SCÈNE V.

FLORVILLE, fils.

Ah ! quelle affreuse image il laisse dans mon ame.
Moi, que par son trépas je couronne ma flamme ;
Que périsse plutôt tout ce qui me fut cher ;
Que mes tremblantes mains se saisissent du fer,
Et, frappant le tyran, délivre ma patrie.
Mais que dis-je, ô grand Dieu ! du père d'Émilie
Pourrai-je sans terreur attenter sur les jours ?
Voir mon amante en pleurs implorer mon secours,
Lui faisant un bouclier de son corps, de ses charmes,
Pour défense aux poignards n'opposer que des larmes ?
Aurai-je bien la force alors de la frapper ?
Mon glaive dans son sein pourra-t-il se tremper,
Et sur le corps sanglant d'une femme adorée,
Porter jusqu'à son père une main égarée ?
Au cri de la nature, ou bien à mon amour,
Mon cœur doit-il céder en ce funeste jour ?
Si tu sers ton pays, si tu soutiens ton père,
Tu verras ton amante achever sa carrière ;
Si tu n'écoutes plus qu'un tendre sentiment,
De l'auteur de tes jours tu feras le tourment ;
Que dis-je, sous ses pas tu creuseras l'abîme ;
Sa fierté, du tyran, le rendra la victime :

2....

Il voudra, par lui seul, dans un beau désespoir,
Sans craindre le trépas, lui ravir le pouvoir.
J'étais près du bonheur, et je vois qu'il m'échappe;
Un injuste destin de son courroux me frappe :
Il m'ôte mon amante et mon père et l'honneur,
Sans me laisser d'espoir de fléchir sa rigueur.
Si je pouvais, du moins, dans ce malheur extrême,
Assurer leur repos en succombant moi-même;
Il me serait bien doux de me frapper pour eux.
Mais tels sont de mon sort les effets malheureux,
Qu'à faire leur bonheur ma mort deviendrait vaine,
Et ne pourrait servir qu'à redoubler leur peine.
O toi! qui des mortels veille sur les destins,
Dieu juste, Dieu puissant, protecteur des humains,
Mon cœur n'a plus d'espoir que dans ta providence :
Je ne demande pas, qu'employant ta puissance,
Tu troubles la nature et renverses ses lois;
Prends seulement pitié de la France aux abois,
Change le cœur d'un homme, et sur son sol fertile
L'on reverra Thémis, et son règne tranquille,
Amener le bonheur au milieu des Français,
Et du crime vainqueur suspendre les progrès.

SCÈNE VI.

ROBESPIERRE; FLORVILLE, FILS.

ROBESPIERRE.

Je te trouve à propos, Florville, l'heure avance;
Tout est prêt pour fixer le destin de la France.
Les soldats que Marseille envoya dans Paris,
Sous leurs drapeaux flottans se trouvent réunis.
La même ardeur qu'on vit régner dans leurs cohortes,
Quand du palais des rois ils franchirent les portes,
Pour arracher le peuple au tyrannique frein,
Et fonder parmi nous l'état républicain;

Brille encor dans leurs yeux, et cet heureux présage
Semble de la victoire être pour nous le gage.

FLORVILLE, fils.

Seigneur.....

ROBESPIERRE.

Nos ennemis trembleront devant eux ;
Et s'ils osaient jamais s'opposer à nos vœux,
Un trépas mérité serait leur récompense :
Te voyant notre chef j'en ai la confiancce.
Mais quel trouble, mon fils, paraît donc t'agiter ?
Tu sembles à regret me vouloir écouter ?
S'il est quelque penser de qui ton cœur s'enflamme ;
S'il est quelque malheur qui désole ton ame,
Répands-les dans mon sein.

FLORVILLE, fils.

Dieu !

ROBESPIERRE.

Je n'insiste pas ;
Je saurai respecter ce secret embarras.
Mais tes maux, quels qu'ils soient, doivent ici se taire ;
Ton bras à ton pays se trouve nécessaire :
Voici l'heureux moment d'assurer son bonheur ;
Marchons.

FLORVILLE, fils.

Dispensez-moi plutôt de cet honneur.

SCÈNE VII.

ROBESPIERRE.

Il s'éloigne, percé d'une cruelle atteinte ;
Les larmes dans les yeux, sans proférer de plainte.
Par ce trouble étonnant, ce départ médité,
Que veut-il faire entendre à mon cœur agité ?
Est-ce pour moi la voix du sort qui me secourre ?
Est-ce pour m'annoncer un danger que je courre ?

Je ne sais qu'en penser ; un odieux soupçon
Vient préparer mon cœur à quelque trahison.
Pour en être certain, éclairons sa démarche,
Et si de son complot je découvre la marche,
Que les traîtres alors s'apprêtent à mourir,
Sans égard au lien qui pourrait nous unir.

FIN DU SECOND ACTE.

ACTE III.

SCÈNE PREMIÈRE.

ROBESPIERRE, TURMON.

ROBESPIERRE.

C'EST avec toi, Turmon, qu'il faut que je m'éclaire;
Tâchons de découvrir, s'il se peut, ce mystère:
Le trouble de Florville éveille mes soupçons:
Je crains de rencontrer ici des trahisons.
Tu sais que du berceau je m'attachai son père,
Que son cœur me voua l'amitié la plus chère,
Et que, long-temps fidèle aux mêmes sentimens,
J'eus dans lui le plus chaud de tous mes partisans.
Mais ce temps est passé; je ne vois qu'avec peine
Que pour le retenir ma vigilance est vaine.
Il n'a plus cette ardeur que donne l'amitié;
Le sentiment fait place à la folle pitié.

TURMON.

Son amitié, seigneur, est-elle donc si chère
Que de son changement se plaigne Robespierre?
J'avais cru jusqu'ici qu'un cœur ambitieux
Pouvait, pour s'élever, rompre les plus saints nœuds,
Oublier ses parens, ses amis, sa famille.

ROBESPIERRE.

Ce n'est pas l'amitié du père de Florville
Que je regrette ici; je n'ai jamais conçu
Que par ce sentiment l'homme puisse être ému.
L'ambition me guide, et, depuis mon enfance,
Nulle autre passion n'eut sur moi d'influence.

TURMON.

Eh ! que regrettez-vous donc en lui ?

ROBESPIERRE.

Sa vertu.

TURMON.

Vous, qui contre elle avez sans cesse combattu.
Ne puis-je pas, seigneur, usant de représailles,
Vous offrir le tableau de tant de funérailles,
Dont vos sanglantes mains ont inondé nos champs ?
Plus féroce que nous, vous frappiez l'innocent,
Que nos bras fatigués sauvèrent du supplice.
La fille de Cazotte, invoquant la justice,
Vint s'offrir au-devant des poignards assassins
Qui du sang de son père allaient rougir nos mains ;
A nos yeux étonnés, découvrant sa poitrine,
Elle offre son beau sein au fer qu'on lui destine.
Barbares, nous dit-elle, arrachez-moi les jours,
Que de mes jeunes ans se termine le cours ;
Mais que votre pitié vienne sauver mon père.
A ces mots, de nos mains le glaive sanguinaire
S'échappe et tombe aux pieds de cette fille en pleurs ;
Sa beauté, son courage, attendrirent nos cœurs ;
Notre férocité par l'amour se remplace :
Pour la première fois nous allions faire grâce.
Mais, plus cruel que nous, sans pitié, sans égard,
Vous méprisez ses pleurs, et, levant le poignard,
D'un coup sûr et mortel vous atteignez son père.

ROBESPIERRE.

Combien tu connais peu, Turmon, mon ame altière.
Si je regrette ici la vertu d'un ami,
C'est que mon cœur la croit utile à mon parti.
Florville était un frein que j'opposais sans cesse
A celui qui m'osait reprocher sa détresse ;
Je marchais d'un pas sûr à l'abri de son nom,
Sans craindre que mes plans éveillent le soupçon.

Mais, puisqu'il me délaisse et conspire peut-être ;
Il va dans un moment apprendre à me connaître.
Je saurai pénétrer dans le fond de son cœur,
Et malgré ses efforts dévoiler sa noirceur :
Alors, frappant un coup aussi prompt que la foudre ;
Nous verrons avec lui son parti se dissoudre.
Tandis que je m'occupe à notre sûreté,
Redouble de prudence aussi de ton côté ;
Arme tes Marseillois, que leurs braves cohortes,
Du sénat qui m'attend, environnent les portes ;
Que de l'airain tonnant le redoutable aspect
Tienne les plus fougueux dans un profond respect ;
Et s'ils osaient jamais franchir cette barrière,
Que le fer et le feu terminent leur carrière.

SCÈNE II.

ROBESPIERRE, ÉMILIE.

ROBESPIERRE.

APPROCHE, cher enfant, ton père, malgré lui,
Doit porter dans ton sein la douleur et l'ennui.

ÉMILIE.

Mon père......

ROBESPIERRE.

Il faut, ma fille, armer tout ton courage ;
L'infortune aujourd'hui devient notre partage.
Florville, ce mortel qu'avait choisi mon cœur,
Comme étant le plus propre à faire ton bonheur,
N'est plus digne de toi.

ÉMILIE.

Qu'entends-je malheureuse !

ROBESPIERRE.

Calme ton désespoir, ô fille généreuse !
Sur un coupable amant, ne verse point des pleurs ;
Il ne doit plus prétendre ici qu'à tes rigueurs.

ÉMILIE.

Florville me trahit ! Florville est infidèle !

ROBESPIERRE.

Plût à Dieu qu'il ne fût qu'à ta flamme rebelle ;
Tes grâces, ta douceur, fléchiraient l'inconstant.
Mais un crime plus noir vient souiller ton amant :
Méconnaissant l'honneur, il veut, dans son délire,
En faveur des tyrans, renverser cet empire.
Le fer est dans ses mains, et pour premier exploit,
Entre tous les Français, de ton père il fait choix.

ÉMILIE.

Que dites-vous, seigneur, un soldat aussi brave,
Des tyrans qu'il vainquit, se ferait-il l'esclave ?

ROBESPIERRE.

Que ne puis-je en douter ! je n'hésiterais pas
De courir à l'instant me jeter dans ses bras.
Mais il n'est que trop vrai.

ÉMILIE.

Non, je ne puis le croire,
Mon amant à ce point ne peut souiller sa gloire.
L'on vous trompe, seigneur ; il est des envieux
Que ses lauriers naissans ont rendu malheureux ;
Ils viennent exciter dans vous la défiance,
Pour mieux perdre, en ce jour, le héros de la France.

ROBESPIERRE.

Que ne puis-je, ma fille, en croire tes raisons,
Et bannir de mon sein ces odieux soupçons.
Cependant, quel que soit le coup qui me menace,
Je veux en oublier ici jusqu'à la trace.
Mon cœur souffrirait trop, s'il était criminel ;
Restons plutôt, restons dans ce doute cruel.

ÉMILIE.

Non, seigneur, vous devez, malgré qu'il vous en coûte;
par tout moyen possible, approfondir ce doute.
La gloire de Florville et votre sûreté,
Veuillent que ce soupçon ne soit pas rebuté.

ROBESPIERRE.

Eh bien, c'est en tes mains que je remets ma vie.
Ton amant va venir, tâche d'être éclaircie :
Personne mieux que toi, de ce mystère affreux,
Ne peut développer le projet odieux.
Florville te chérit, il t'ouvrira son ame,
Et de ce noir complot découvrira la trame.

ÉMILIE.

Si j'ai quelque pouvoir, soyez certain, seigneur,
Qu'avant peu je saurai pénétrer dans son cœur.
Je brûle autant que vous de savoir ce mystère.

ROBESPIERRE.

Songe que dans tes mains tu tiens le sort d'un père.
Mais le voici qui vient. Dieu juste, Dieu puissant,
Si tu pouvais jamais nous le rendre innocent !

SCÈNE III.

ÉMILIE; FLORVILLE, FILS.

ÉMILIE.

AVEC quelle lenteur, Florville ici s'approche :
Son cœur lui ferait-il sentir quelque reproche ?
Non, il n'est pas possible, il est trop généreux,
Pour avoir médité ce projet odieux.

FLORVILLE, fils.

C'est Émilie, ô Ciel !

ÉMILIE.

Je vois que ma présence

N'a plus sur vous, seigneur, le pouvoir que je pense.
Il fut un temps jadis où vous la chérissiez.

FLORVILLE, fils.

Émilie, est-ce à moi que vous vous adressez ?
Ce langage sévère a droit de me surprendre :
Il n'est point dû, cruelle, à l'amant le plus tendre.
Moi qui n'aime le jour qu'afin de vous l'offrir,
Vous osez m'accuser de ne plus vous chérir :
Sous ce dernier malheur mon ame est abattue ;
Il comble tous mes maux, me déchire et me tue.

ÉMILIE.

Il est vrai, c'est à tort que je me plains de vous :
Vous ne méritez pas sans doute ce courroux,
Quand je vous vois trahir le serment qui nous lie,
Et perdre sans regret l'estime d'Émilie.

FLORVILLE, fils.

Dieu puissant, qui lisez dans le fond de nos cœurs,
Vous savez seul si j'ai mérité ses rigueurs,
Si j'ai jamais cessé d'adorer son image.
Oui, j'ose devant vous le prendre en témoignage ;
Après m'avoir frappé d'un trépas mérité,
Si ma bouche ne dit ici la vérité,
Qu'aux enfers il poursuive encore sa vengeance,
Et qu'éternellement s'augmente ma souffrance.

ÉMILIE.

Eh ! qu'importe, cruel, que vous soyez constant ;
Ce mérite peut-il m'arrêter un instant
Devant le crime affreux d'attenter sur mon père ?

FLORVILLE, fils.

Hélas !

ÉMILIE.

Osez nier ce coupable mystère ?
Ingrat, répondez-moi, ce jour n'était-il pas
Celui que vous aviez marqué pour son trépas ?

FLORVILLE,

FLORVILLE, fils.

C'en est assez ; je sais ce qu'il vous reste à dire ;
Vous n'avez pas besoin, cruelle, de m'instruire.
Fuyez un malheureux que le destin poursuit ;
Laissez-le seul en proie à l'horreur qui le suit.

ÉMILIE.

Quel démon, insensé, sut vous porter au crime ?
Vous en qui je voyais un cœur si magnanime ;
Dites, quelle vapeur a pu vous égarer ?
Votre ame, quoi qu'il soit, pouvait-elle ignorer
Ce qu'il est d'odieux dans le nom de coupable ?

FLORVILLE, fils.

De renoncer à vous, je n'étais pas capable ;
Le pouvoir paternel a pu seul m'y forcer.

ÉMILIE.

Quoi, votre père.....! ô Dieu! qui pourrait le penser ?
Ce mortel vertueux n'était donc qu'un faux sage,
Qui, d'un masque trompeur, se couvrait le visage ?

FLORVILLE, fils.

Mon bras, je vous le jure, après ce grand effort,
N'eut pas de votre père attenté sur le sort :
Ne pouvant accorder l'amour et la patrie,
J'avais pris le dessein de terminer ma vie.
Croyez-en, chère amante, un mortel malheureux,
Forcé de renoncer au plus tendre des nœuds :
De l'amour, de l'honneur, le jouet, la victime ;
Réduit au désespoir, mais non encore au crime.

ÉMILIE.

Pour chasser le soupçon d'un cœur que l'on chérit,
Vous le savez, Florville, un mot souvent suffit.
S'il n'était question que de mon existence,
Je vous aurais déjà rendu ma confiance ;

Mais le destin d'un père exige qu'en ce jour
J'aie un autre garant que celui de l'amour.
L'autel est prêt, venez à l'instant m'y conduire ;
Qu'Émilie aujourd'hui soumise à votre empire,
Devienne un nœud sacré qui joigne nos parens,
Et finisse à jamais tous leurs vains différens.
Vous semblez hésiter, Florville, ce silence
Est-il en vous l'effet de la reconnaissance ?

FLORVILLE, fils.

Tant de bonheur n'est plus aujourd'hui fait pour moi ;
L'honneur parle à mon cœur ; sa rigoureuse loi
Ordonne mon trépas et non pas l'hyménée.

ÉMILIE.

Hélas ! que dites-vous ?

FLORVILLE, fils.

Telle est ma destinée ;
Je ne peux sans forfait vivre encore un seul jour.
Mon père, mon pays, Émilie et l'amour,
Conjurent contre moi pour m'entraîner au crime ;
Mais je saurai mourir sans perdre leur estime.
Cruelle, laissez-là l'image du bonheur ;
Je sens que son aspect ébranle tout mon cœur :
Fuyez-moi, laissez-moi seul avec ma tristesse ;
Contre lui, contre vous, j'aurais trop de faiblesse.

ÉMILIE.

Ainsi vous refusez..... Il faut donc à mon tour
Éloigner de mon sein ce qu'il reste d'amour.
C'en est fait, je renonce au serment qui nous lie ;
Ingrat, ne comptez plus sur l'amour d'Émilie :
La haine la plus forte et les justes mépris,
Sont à présent les feux dont son cœur est épris.

FLORVILLE, fils.

Je ne puis supporter son ardente colère ;
Émilie, arrêtez....; ô Ciel qu'allais-je faire !

Retirez-vous plutôt, votre accent séducteur
Étoufferait dans moi jusqu'au cri de l'honneur.

ÉMILIE.

Suivez d'un père, ingrat, la coupable maxime;
Mais vous-même craignez d'en être la victime.
Robespierre bientôt averti par ma voix,
A vos poignards sanglans opposera les lois.

SCÈNE IV.

FLORVILLE, fils.

Destin qui me poursuis, achevez votre ouvrage,
Avant que le trépas devienne mon partage.
Si je dois endurer encore vos rigueurs,
Hâtez-vous de frapper, de combler mes malheurs.
Après m'avoir ôté l'amitié d'Émilie,
Vos coups ne peuvent plus que m'arracher la vie.
Mais dans mon désespoir que peut ce dernier trait ?
La mort, loin d'être un mal, deviendrait un bienfait.

SCÈNE V.

FLORVILLE, père; FLORVILLE, fils.

FLORVILLE, fils.

Seigneur, laissez-moi seul en proie à ma tristesse;
Votre aspect ne peut rien sur le mal qui m'oppresse:
Il n'est que le trépas qui pourra me guérir.

FLORVILLE, père.

Ce n'est pas le moment encore de mourir.
Avant de recevoir la mort que tu mérite,
Il faut de tes exploits savoir quelle est la suite.
Ce n'était pas assez de suivre un vain penchant;
Tu devais donc encor me livrer au tyran ?

FLORVILLE, fils.

Quoi, mon père, à ce point vous me croyez coupable ?

FLORVILLE, père.

Eh ! par où comptes-tu te trouver excusable ?
Est-ce en joignant au crime un mensonge odieux ?
Ton amante, dis-moi, s'éloignant de ces lieux,
N'emporte-t-elle pas le secret de ton père ?
Je l'ai vu : son regard et sa démarche altière,
D'affreux pressentimens m'avaient d'abord frappés,
Et quelques mots couverts de sa bouche échappés,
M'ont confirmé bientôt mes malheurs et ton crime.
Si moi seul de ce coup devenais la victime,
Peut-être je pourrais oublier tes forfaits :
Mais ton pays, ingrat, que tu perds à jamais,
La fureur qui renaît, les discordes, les haines,
Le Français de nouveau retombant dans les chaînes,
Le tyran abattu, plus fort se relevant,
Cherchant sa sûreté dans des ruisseaux de sang,
Et rouvrant les tombeaux que nos mains défaillantes
A peine avaient fermés dans nos plaines tremblantes.
Voilà, fils criminel, quels seront les forfaits
Que le tien, sur la France, attire pour jamais.

FLORVILLE, fils.

Émilie !

FLORVILLE, père.

Elle va découvrir à son père
Le coup qu'elle prévoit menacer sa carrière ;
Et bientôt le tyran, confondant mes desseins,
Des fers du criminel va me charger les mains,
Jusqu'à l'instant fatal qu'une ombre de justice
Lui permettra de faire ordonner mon supplice.

FLORVILLE, fils.

Le Ciel qui voit mon cœur doit ici me juger ;
Il sait bien si le crime, hélas ! sut m'engager.

A mes yeux la vertu parut toujours aimable ;
J'avais voulu la suivre et je mourrai coupable!
Mon père, vous savez la faute que je fis,
Les maux qui s'ensuivront sur vous, sur mon pays ;
Vous le savez...; soyez témoin si la vengeance,
Auprès des justes Dieux, peut égaler l'offense.
(*Il veut tirer son épée.*)

FLORVILLE, père.

Arrête ce transport, remets dans le fourreau
Le fer sanglant qui doit t'envoyer au tombeau.
Ce n'est pas le moment encore d'y descendre :
Tout chargé de forfaits qu'y pourrais-tu prétendre ?
Avant de te frapper tu dois fléchir les Dieux,
Non par un sacrifice inutile et pompeux,
Mais en rendant ta mort utile à ta patrie.
Sur un triste échafaud je vais perdre la vie ;
Ah ! si dans cet instant tu voulais me jurer
Que ton cœur par l'amour ne peut plus s'égarer,
Qu'il vivra pour servir et délivrer la France,
Je pourrais pardonner encore ton offense.
Plein de l'espoir qu'un jour mon malheureux pays,
Sous le joug des tyrans, ne sera plus soumis,
Je verrai sans effroi le fer qui doit m'atteindre ;
Et je saurai souffrir le trépas sans me plaindre.

SCÈNE VI.

LES MÊMES, TURMON, MARSEILLOIS.

TURMON.

PAR l'ordre du sénat, je suis chargé, seigneur,
De m'assurer de vous.

FLORVILLE, fils.

Présage de malheur,

Vous êtes accompli ; je vais perdre mon père.

TURMON.

J'exécute à regret cet ordre nécessaire ;
Le devoir seul......

FLORVILLE, fils.

Cruel, il faut avant ce coup
Que s'épuise sur moi votre injuste courroux :
Tant qu'un reste de sang coulera dans mes veines,
Je peux rompre le frein de vos lois inhumaines :
Il ne faut que mon bras, armé du désespoir,
Pour repousser l'effort d'un injuste pouvoir.

FLORVILLE, père.

Modère-toi, mon fils, ta vaine résistance
Ne peut pas me sauver d'une injuste puissance :
Je dois subir mon sort, quelque horrible qu'il soit;
Le Ciel le veut ainsi, je me rends à sa loi.

(*A Turmon.*)

Et toi, fais ton devoir, satellite du crime,
Puisque tel est ton ordre, emmène ta victime.

FIN DU TROISIÈME ACTE.

ACTE IV.

SCÈNE PREMIÈRE.

FLORVILLE, FILS; ÉDELMONT.

FLORVILLE, fils.

Pour souffrir votre aspect, j'ai par trop de fureur;
Édelmont, laissez-moi, vous dis-je, à ma douleur:
Je n'ai plus rien d'humain, je ne suis qu'un perfide,
Un malheureux mortel, couvert d'un parricide,
Qui, poussé par le sort, par des Dieux ennemis,
A livré, sans effroi, son père et son pays.
Il ne me reste plus, pour combler ma souffrance,
Que de devoir encor supporter l'existence:
Mon père ainsi le veut, je lui dois obéir.
Par mes mains, en effet, je ne puis pas mourir;
Après ce que j'ai fait, je me sens trop coupable,
Pour avoir mérité ce trépas honorable.
C'est au fer des bourreaux à retrancher mes jours;
Lui seul peut, sans forfait, interrompre leurs cours.
Courons près du tyran, tandis qu'il se consulte;
Forçons-le de frapper, en prodiguant l'insulte;
Étouffons dans son sein un reste de pitié,
Et rendons-nous l'objet de son inimitié,
Pour que dans son courroux il se fasse justice,
Et qu'au défaut du foudre il me livre au supplice.

ÉDELMONT.

Seigneur, modérez-vous.

FLORVILLE, fils.

Eh! le puis-je, cruel,
Quand le remords vengeur m'atteint d'un trait mortel?

Les filles de la nuit, les sombres Euménides,
Laissent-elles jamais en paix les parricides ?
Leurs serpens hérissés, et leurs flambeaux vengeurs,
Peuvent-ils un instant adoucir leurs fureurs ?
Non, je ne sens que trop jusqu'où va leur puissance;
Dans mon coupable sein s'exerce leur vengeance ;
Le pinceau des enfers par d'énergiques traits,
Sans cesse à mes regards retrace mes forfaits.
Vous qui causiez mes maux, Déesses redoutables,
Ne soyez pas toujours à mes vœux implacables;
Ne les refusez pas, je ne veux que mourir :
Que des gouffres profonds s'ouvrent pour m'engloutir,
Que je sois écrasé dans leurs vastes abîmes,
Pourvu que dans leur sein se recèlent mes crimes.

ÉDELMONT.

Croyez-vous que le Ciel, propice à vos remords,
Se laissant désarmer, puisse oublier vos torts ?
Il n'admet pas les pleurs; sa justice inflexible
A la seule vertu peut se trouver sensible.
Au lieu de vous livrer à ce vain désespoir,
Ecoutez, par ma voix, ce que veut le devoir :
Votre père n'a pas encor perdu la vie ;
Nous pouvons le sauver, ainsi que la patrie ;
Et, par un coup fameux, méritant des autels,
Purger de notre cœur les levains criminels.

FLORVILLE, fils.

Nous pourrions l'arracher d'un barbare supplice,
Et nous rendre à ce point la déité propice...... ?
Mais non, vous me trompez, cruel, je vous comprends :
Votre triste pitié veut calmer mes tourmens,
Me faire supporter les maux de l'existence,
En faisant naître en moi la trompeuse espérance.

ÉDELMONT.

Le tyran, à Florville ôtant la liberté,
Demeure après ce coup dans la sécurité,

Il ignore qu'il est des hommes redoutables
Qui sont prêts à punir ses fureurs implacables ;
Ou bien le cœur rempli d'un orgueilleux dédain,
Il ose mépriser leur généreux dessein.
Cependant au sénat ils vont prendre leur place,
Et bravant les dangers, signalant leur audace,
Lui donner dans le cœur mille coups de poignard.
Mais, seigneur, pour ne pas se fier au hasard,
Ils demandent un bras courageux et célèbre,
Qui le premier sur lui porte le coup funèbre.
Le guerrier qui conquit les champs de la Belgique,
Dont la puissante main sauva la république,
Et des rois réunis dissipa les soldats,
Est le seul à présent dont ils veuillent le bras.
Ils osent espérer que bientôt à leur tête
Ils le verront, seigneur, diriger la tempête
Qui doit anéantir les jours de la terreur,
Et sur tous les Français ramener le bonheur.

FLORVILLE, fils.

Qui, moi leur chef ?

ÉDELMONT.

Seigneur, vous semblez avec peine
Contre nos oppresseurs partager notre haine.
Le tyran à vos yeux est-il donc si sacré
Qu'à votre père il soit aujourd'hui préféré ?
Ce tigre dévorant, souillé de tant de crimes,
Que l'enfer a vomi de ses sombres abîmes,
Peut-il dans votre cœur un instant balancer
Un père infortuné qu'il ose menacer ?

FLORVILLE, fils.

Ami, ne croyez pas qu'ainsi mon cœur s'oublie ;
Ma main n'hésite plus à lui trancher la vie.
Puisqu'il me faut commettre un crime absolument,
Entre ces deux forfaits je choisis le moins grand.

O mon père ! ô patrie ! il faut vous satisfaire ;
Le tyran va cesser sa sanglante carrière.
Mais après que j'aurai, dans son coupable sein,
Fait avec tout son sang avorter son dessein,
Que m'écrase à l'instant la puissance céleste,
Si mon fer tout sanglant ne me devient funeste.

ÉDELMONT.

La fille du tyran s'avance vers ces lieux ;
Fuyons, seigneur, fuyons ses regards odieux.
L'amour dans votre cœur reprenant son empire,
Au moment de frapper peut encor vous séduire.

FLORVILLE, fils.

Ne craignez rien pour moi, quels que soient ses attraits,
Je peux dans cet instant en repousser les traits :
La beauté sur mon cœur ne peut rien sans l'estime ;
Je sais la mépriser quand elle est jointe au crime.
Quoique sans elle il n'est point pour moi de bonheur,
J'étoufferai des feux que rejette l'honneur ;
Et sur mes sentimens remportant la victoire,
J'immolerai l'amour et sauverai ma gloire.

ÉDELMONT.

Dans quel péril, seigneur, allez-vous l'engager ?
Ne connaissez-vous pas quel en est le danger ?
La beauté dans les pleurs amollirait la pierre,
Et vous croyez pouvoir rebuter sa prière ?

FLORVILLE, fils.

Je saurai la braver. Rendez-vous au sénat,
Je vous suis, et bientôt j'y vengerai l'état.

SCÈNE II.

FLORVILLE, fils; ÉMILIE.

FLORVILLE, fils.

Vous triomphez, madame, et ce jour mémorable
Vous a prouvé combien vous êtes redoutable.
Vos appas ont vaincu; Florville malheureux
A cédé sans combat au pouvoir de vos yeux.
Il n'a pu soutenir un regard d'Émilie,
Sans trahir sa vertu, son père et sa patrie.
Mais ne vous flattez pas de régner plus long-temps
Sur un cœur revenu de ses égaremens.
Tant qu'il vous a jugé digne de son estime,
Il a pu de vos plans devenir la victime.
Aujourd'hui qu'il connaît vos sentimens secrets,
Il rompt ses nœuds honteux et les rompt sans regrets.
Oui, perfide, il n'a plus d'amour ni de tendresse;
Il abjure à jamais son indigne faiblesse :
Le poison qu'il a pris dans vos regards trompeurs
S'est changé dans son sein en des objets d'horreurs.

ÉMILIE.

Quel étonnant discours je viens ici d'entendre.

FLORVILLE, fils.

Ce discours ne doit pas un moment vous surprendre.
Après m'avoir séduit et trahi mon secret,
Pouviez-vous de ma part attendre un autre arrêt?
Qui l'aurait dit jamais que cette tendre amie
Sous des charmes trompeurs n'était qu'une furie
Que le Ciel courroucé forma pour me tromper?
Cruelle, le mot vient enfin de m'échapper.
Je ne vois plus dans vous qu'une sombre Euménide,
Dont la feinte douceur me rendit parricide.

ÉMILIE.

Je commence à comprendre enfin votre discours.
De vos plaintes, seigneur, interrompez le cours.
Vous n'avez nullement outragé la nature ;
Par le Dieu le plus grand ma bouche vous le jure.
Votre père séduit par un moment d'erreur,
Contre les jours du mien s'armait avec fureur ;
Il se couvrait d'un crime, ou périssait lui-même,
Si la main d'un ami, dans sa prudence extrême,
De son triste projet n'eût arrêté l'essor.
Croyez-en mes accens, Robespierre aime encor
Celui qui conspira contre son existence :
Robespierre de lui ne veut d'autre vengeance,
Resserrant les liens d'une ancienne amitié,
Que de finir le cours de tant d'inimitié.

FLORVILLE, fils.

Ne cherchez pas encor d'abuser de ma flamme ;
L'espérance ne peut plus entrer dans mon ame :
Je connais Robespierre et ses vastes desseins.
Lui pardonner, grand Dieu ! nul mortel de ses mains
Est-il jamais sorti sans y laisser la vie ?
Plus il vous a chéri, plus forte est sa furie ;
Le nœud de l'amitié, celui même du sang,
Il peut tout immoler au désir dévorant
Qui le porte en ce jour à monter sur le trône.
Mon père qui voulut arracher sa couronne,
Peut-il être à ses yeux un objet plus sacré
Que tant de malheureux par son seing massacré ?

ÉMILIE.

Eh ! de quel droit, seigneur, accusez-vous mon père
De vouloir vous tromper, de n'être point sincère ?
Un guerrier désarmé, sans pouvoir, sans soldat,
Pourrait-il faire peur au héros que l'état
Destine en ce grand jour à gouverner la France ?
S'il veut bien s'abaisser à pardonner l'offense,

Il ne peut s'avilir à se justifier
Près de ceux dont il doit toujours se défier.
Il vient, et ce moment est le seul qui vous reste
Pour méconnaître enfin votre projet funeste.
D'un cœur qui vous chérit, c'est le dernier effort;
Florville, dans vos mains est encor votre sort;
Mais cet instant passé, j'abjure ma faiblesse,
Et mon cœur à jamais renonce à la tendresse.

SCÈNE III.

LES MÊMES, ROBESPIERRE.

ÉMILIE.

MON père, c'est en vain que je veux l'arracher
Au sort infortuné qu'il semble rechercher :
Mes larmes sur son cœur se trouvent sans puissance;
L'ingrat n'a plus en nous aucune confiance.

FLORVILLE, fils.

Quand sous le poids des fers mon père est gémissant,
Puis-je m'en rapporter à votre vain serment?
A son sort, s'il est vrai que vous êtes sensibles,
Ne vous montrez donc pas à mes pleurs inflexibles.
Qu'on ouvre les cachots, et qu'à la liberté
On rende un citoyen sans justice arrêté.

ROBESPIERRE.

Avant que le soleil se soit caché dans l'onde,
Et que la nuit obscure enveloppe le monde,
Je jure par le Ciel qui punit les méchans,
Que je rendrai ton père à tes embrassemens.

FLORVILLE, fils.

Eh! pourquoi différer cet acte de justice?
Assez long-temps du crime il souffre le supplice.

ROBESPIERRE.

Florville, écoute-moi, je vais t'ouvrir mon cœur :
Tu sais que sur la France est tombé le malheur,
Que ses propres enfans, au sein de l'anarchie,
Par leurs divisions vont perdre la patrie.
Les partis égarés, du glaive armant leur bras,
Tour-à-tour l'un sur l'autre amènent le trépas,
Et dans les champs français font plus de funérailles
Que n'en firent jamais les sanglantes batailles.
La république en vain lutte contre ses maux ;
Son pouvoir ne peut plus refermer les tombeaux
Qu'elle-même elle ouvrit dans les jours de vengeance.
Contre tant de partis s'écroule sa puissance.
Elle tombe avant peu sous un joug humiliant,
Si, pour la secourir, il n'est un bras puissant,
Qui, réunissant seul les pouvoirs sur sa tête,
Puisse, par sa vigueur, dissiper la tempête.
Voulant donc accomplir ce généreux dessein,
Et du peuple français assurer le destin,
La prudence voulut qu'on arrêtât Florville,
Lui seul étant contraire à ce projet utile,
Qui doit anéantir le malheur parmi nous,
Faire jouir nos champs des bienfaits les plus doux,
Et chasser de leur sein les horreurs de la guerre.
Mais, je te le repète, avant que la lumière
Ne se cache aujourd'hui dans les profondes mers,
Florville, par mes mains, verra tomber ses fers.

FLORVILLE, fils.

Je connais donc enfin les projets de votre ame ;
Sous tant de beaux dehors se découvre la trame
Qui, depuis si long-temps, se formait en secret.
Quand, par des maux plus grands, le Ciel nous forcerait
De courber de nouveau sous le fardeau d'un maître,
Est-ce à vous, dites-moi, d'oser prétendre à l'être ?
Vous qui, dans le sénat, d'une éloquente voix,
Aux plus affreux tyrans égaliez tous les rois,

Qui sur leurs partisans faisiez tomber la foudre,
Et vouliez que partout on mît le trône en poudre.
Si ces hommes alors étaient des criminels
Dignes de mériter la haine des mortels,
Pourquoi prétendez-vous renouveler leurs crimes ?
S'ils n'étaient de l'honneur qu'innocentes victimes,
De quel droit osiez-vous les livrer aux bourreaux ?
Pour nous remettre au joug, vous prétextez nos maux ;
Mais ces malheurs si grands, tyran, sont votre ouvrage ;
C'est vous qui sur la France amenas le carnage,
Qui rendis l'échafaud permanent dans nos murs,
Et peuplas des enfers les espaces obscurs.
Serait-il même vrai que du crime incapable,
Du malheur des Français vous n'êtes pas coupable ;
Devez-vous pour cela me mettre sous le frein ?
Ne peut-on me guérir qu'en enchaînant ma main ?
Devant la liberté nos maux ne sont qu'une ombre,
Telle que dans les tableaux paraît la teinte sombre ;
Et vouloir m'en priver c'est commettre un forfait,
Que ne peut égaler jamais aucun bienfait.

ROBESPIERRE.

J'ai forcé ma colère à garder le silence,
Et souffert trop long-temps cet excès d'insolence.
Contre tant de fierté je ne puis plus tenir ;
Malheureux, tu veux donc me forcer à punir ?

FLORVILLE, fils.

Pour parler de punir, il faut être mon maître ;
Mais, Florville, jamais ne doit en reconnaître.
Nous sommes seuls ici, ne me provoquez pas,
Ou craignez que sur vous ne tombe le trépas.
Si mon bras se laissait guider par ma furie,
J'aurais déjà vengé mon père et ma patrie ;
J'aurais porté le fer au fond de votre sein,
Et votre sang impur eût coulé par ma main.

ROBESPIERRE.

Malheureux, c'est assez exciter ma colère ;
Puisque tu veux mourir, il faut te satisfaire.
Je vais dans le sénat exposer ton projet,
Et de ta juste mort faire donner l'arrêt.

FLORVILLE, fils.

Vous m'y verrez aussi braver votre vengeance,
Et sans nulle terreur attendre la sentence.
Il est un Dieu puissant, soutien des malheureux,
Qui saura mettre un frein au crime audacieux.
Redoutez-le, tyran, son bras peut vous atteindre ;
Plus vous êtes heureux, plus vous devez le craindre.
Peut-être en ce moment, dans sa juste rigueur,
Il est près de frapper votre coupable cœur,
Et de venger sur vous le sang de l'innocence
Que vous fîtes couler dans les jours de vengeance.

SCÈNE IV.

ROBESPIERRE, ÉMILIE.

ÉMILIE.

SEIGNEUR, de votre fille écoutez les accens ;
Tout ce qu'ici je vois, tout ce qu'ici j'entends,
Me fait craindre pour vous son aveugle furie.
Le malheureux peut-être en veut à votre vie ?

ROBESPIERRE.

Ne crains rien pour mes jours : un jeune audacieux
Qui, pour me renverser, n'espère qu'en ses Dieux,
N'est pas bien redoutable auprès de Robespierre.
C'est en vain que vers eux s'élève sa prière ;
Seuls, loin de l'univers, ils sont sourds à sa voix,
Et laissent du destin s'exécuter les lois.

SCÈNE

SCÈNE V.

LES MÊMES, TURMON.

TURMON.

On vous attend, seigneur.

ROBESPIERRE.

Allons, par ma présence,
Décider le sénat à m'offrir la puissance.
Ami, voici l'instant qui doit fixer mon sort,
M'élever sur le trône ou me donner la mort.
Je vais cueillir, enfin, le fruit de tous mes crimes;
Ou moi-même augmenter le nombre des victimes.
Turmon, sur tes soldats, porte un œil vigilant;
Qu'ils soient prêts à combattre au premier mouvement;
Que du sénat français environnant les portes,
Au peuple factieux s'opposent leurs cohortes;
Et s'il fallait agir, ami, n'hésite pas;
Sur les plus furieux fais tomber le trépas.

FIN DU QUATRIÈME ACTE.

ACTE V.

SCÈNE PREMIÈRE.

ÉMILIE, PALMA.

ÉMILIE.

Palma, mes pleurs n'ont pu détourner Robespierre
D'aller dans le sénat braver un téméraire
De qui le désespoir peut égarer la main.
Tout charmé de monter au rang de souverain,
Il ne voit pas sous lui que s'entrouvre l'abîme
Dont il peut devenir la première victime;
Que le sceptre des rois, le suprême pouvoir,
Qui maintenait jadis le peuple en son devoir,
N'est qu'un titre de plus dans ce temps déplorable,
Pour qu'il porte sur lui sa vengeance implacable.

PALMA.

Ne craignez rien, madame, il n'est point de danger:
Dans ses plans, votre père, avant de s'engager,
A su se prémunir contre tous les obstacles:
Pour le voir succomber, il faudrait des miracles.
Les Marseillois pour lui sont tous prêts à périr;
Le sénat acheté ne sait plus qu'obéir,
Et le peuple, abattu sous le poids de ses peines,
Se verra sans effroi remettre dans les chaînes.

ÉMILIE.

S'il n'est pas, pour mon père, à craindre de malheur,
Mon sein n'en est pas moins en proie à la douleur.

PALMA.

Je vous comprends, Florville agite encor votre ame.
Les crimes de l'ingrat n'éteignent pas la flamme
Qu'autrefois alluma l'impitoyable amour.

ÉMILIE.

Mon cœur brûle encore ainsi qu'au premier jour.
J'ai beau me rappeler que d'un crime effroyable
Il a pu sans remords vouloir être coupable,
Que l'ingrat ne peut plus jamais prétendre à moi,
Que Dieu même ne peut m'engager sous sa loi :
Je ne puis l'oublier ; un pouvoir que j'ignore
Me fait plus que jamais sentir que je l'adore.
De ma tendre jeunesse, ô momens trop heureux !
Beaux jours, qui faisiez place à de plus nébuleux,
Vous êtes donc passés aussi vîte qu'un songe ?
Votre image n'est plus pour moi qu'un vain mensonge
Qui ne peut balancer le trépas qui m'attend.

PALMA.

Le trépas !

ÉMILIE.

A lui seul, Palma, mon cœur prétend.
Que puis-je faire encore à présent sur la terre ?
Mon malheur est comblé; la déité sévère,
Pour terminer mes maux, ne m'offre que la mort.
Si déjà je n'ai pas fini mon triste sort,
Ce n'est pas que l'espoir soutienne encor mon ame;
Depuis long-temps, dans moi, ne brûle plus sa flamme :
Mon cœur craint seulement qu'au séjour infernal
Mon tourment n'augmentât par le doute fatal
Où je suis sur le sort qu'on prépare à mon père.
Mais, d'abord qu'est sauvée une tête si chère,
Je descends aussitôt dans les demeures sombres,
Et vais chercher la paix dans l'empire des ombres.

4..

Quand on est malheureux, nos jours sont des fardeaux :
Il faut s'en délivrer pour terminer ses maux.

PALMA.

Vous désirez mourir, quand, dans ce moment même,
On doit sur votre front placer le diadême.

ÉMILIE.

Eh! que m'importe, hélas, cette vaine grandeur!
Le trône ne peut rien pour faire mon bonheur;
Je peux le mépriser, si je n'obtiens Florville :
Quand je perds son amour, le rang m'est inutile;
Il augmente plutôt le mal que je ressens.
Sans ce funeste titre, aurais-je des tourmens?...
Mon père, mon amant, seraient restés unis,
Et l'espoir me serait du moins encor permis.
Mais quel bruit tout-à-coup, Palma, se fait entendre?
De ces cris redoublés, que devons-nous attendre?
Pour obtenir, hélas! cet infortuné rang,
Faut-il donc faire encor, Palma, couler le sang?

PALMA.

Ces cris qui troublent l'air ont-ils rien qui m'étonne?
Robespierre est enfin élevé sur le trône :
Ils annoncent sa gloire et le consentement
Du peuple et du sénat à ce choix éclatant.

ÉMILIE.

Non, ces cris ne sont pas ceux qu'annonce la joie :
Leur redoutable accent, qui dans l'air se déploie,
Est le cri des combats, le signal de la mort :
Je n'en suis que trop sûre à son sinistre effort.
Entendez-vous les sons de l'airain redoutable
Qui viennent se mêler à ce cri lamentable?
On combat, on s'égorge; il n'en faut pas douter;
Et mon père peut-être a cessé d'exister!

PALMA.

De leurs mugissemens, augurez mieux, madame.
Ce n'est pas pour ta mort que l'airain seul s'enflamme ;
Aux actes solemnels s'entend aussi sa voix :
La paix, par ses accens, s'annonce quelquefois.

ÉMILIE.

Pour rassurer mon cœur, ce soin est inutile.
Palma, je ne suis pas un seul instant tranquille;
Courez, volez de suite interroger ces cris,
Et venez aussitôt appaiser mes soucis.

SCÈNE II.

ÉMILIE.

A quoi donc te résoudre, amante infortunée ;
Ne peux-tu pas finir ta triste destinée,
Sans attendre la fin de ces débats sanglans,
Qui ne peuvent dans toi qu'augmenter les tourmens ?
Quand il te faut mourir, la triste incertitude
Devrait-elle en ton cœur porter l'inquiétude ?
Laisse-là ton amant, ton père et les vivans ;
Ne songe plus qu'aux morts, aux sombres monumens,
Où, victime innocente, il faut bientôt te rendre.
Dans ce sinistre lieu, puisqu'il te faut descendre,
De tout ce qui t'est cher détourne les regards ;
Laisse-les sans terreur aiguiser leurs poignards,
Pour ne plus t'occuper ici que de toi-même.
A toi seul je m'adresse, ô Dieu juste et suprême !
Pour recevoir mon ame, ouvre-moi les enfers ;
Tu connais la grandeur des maux que j'ai soufferts,
Daigne me pardonner si, perdant l'espérance,
J'ose, malgré tes lois, terminer ma souffrance.
Mais Turmon, à grands pas, s'avance vers ce lieu ;
Que va-t-il me conter ? que vais-je apprendre ? ô Dieu !

4...

SCÈNE III.

ÉMILIE, TURMON.

TURMON.

Préparez-vous, madame, à des douleurs mortelles;
Je ne viens apporter que de tristes nouvelles:
Le sort n'a pas voulu seconder nos desseins;
Malgré notre prudence, il les a rendu vains.

ÉMILIE.

Mon père.....

TURMON.

Il a fini sa triste destinée;
Aux enfers est déjà son ame infortunée.

ÉMILIE.

Grand Dieu! voilà le coup que mon cœur avait craint.

TURMON.

En tombant sous le fer, de moi seul il fut plaint.
Nous marchions au sénat, le cœur plein d'espérance
D'obtenir à la fin la suprême puissance;
Chacun de nous s'assied; Robespierre aussitôt
Remet devant nos yeux l'image de nos maux:
Le trépas dépeuplant nos campagnes fertiles,
Le sang que fait couler nos discordes civiles,
Les combats renaissans que nous livrent les rois,
Et contre ces malheurs la faiblesse des lois.
Après avoir tracé ce tableau lamentable,
Pour mettre un terme à ce mal déplorable,
Il propose au sénat d'élire un dictateur
Qui pût sur les Français ramener le bonheur,
Réunir les partis, sauver la république,
Près de rentrer encor sous le joug tyrannique.

Mais Florville aussitôt se lève et lui repart :
Pour sauver la patrie, il ne faut qu'un poignard.
Sénateurs, voilà l'homme, ennemi de la France,
Qui changea son bonheur en des jours de vengeance ;
Sur moi prenez exemple, et dans ce même instant
Le Français malheureux n'aura plus de tyran.
Il dit, sa main d'abord, plus prompte qu'un tonnerre,
Porte le premier coup au sein de Robespierre ;
Trente bras sont levés pour achever son sort,
Quand Édelmont s'écrie : « Arrêtez cet effort,
Il ne mérite pas cette mort honorable ;
C'est à l'échafaud seul, où sa rage implacable
Envoya des milliers de Français innocens,
A terminer les jours de ce chef des méchans.
On applaudit en foule à ce triste langage.
Votre père qui voit qu'un impuissant courage
Ne pourrait qu'augmenter la longueur de ses maux ;
Se livre sans défense au glaive des bourreaux.
Le peuple dans les airs pousse des cris de joie,
Et la mort en courroux se saisit de sa proie.
De ses derniers instans, j'ai vu la fermeté ;
L'appareil du supplice, ~~à ses yeux~~ apprêté,
Ne le fit point pâlir : en cette conjoncture,
Son cœur sut triompher de la faible nature :
Jamais il n'implora le Ciel qu'il méconnut ;
Il termina ses jours comme il avait vécu.

ÉMILIE.

Vous avez pu le voir périr sans le défendre ?
Lâche, était-ce donc là ce qu'il devait attendre,
Pour prix d'avoir rempli chaque jour vos souhaits,
Et sans cesse sur vous répandu ses bienfaits ?

TURMON.

Contre le peuple entier que pouvais-je donc faire ?
Mes efforts n'auraient pu lui rendre la lumière.

ÉMILIE.

Vous deviez avec lui partager le danger.

TURMON.

Ma main fit mieux, madame, elle a su le venger.
(*Il tire son poignard.*)
Regardez ce poignard, le sang qui le colore
Est celui de l'ingrat que vous aimiez encore.
L'auteur de tous nos maux a reçu de ma main
Le prix que méritait son perfide dessein.
Tandis que tous les yeux tournés sur Robespierre
Voyaient avec plaisir terminer sa carrière,
Florville seul fuyait ce spectacle odieux ;
Je le suis, et voyant venir l'instant heureux
Où je puis, sans danger, user de représailles,
J'ai plongé ce poignard au fond de ses entrailles.

ÉMILIE.

Qu'espérez-vous, cruel, de ce crime nouveau ?

TURMON.

Que pourrais-je espérer, si ce n'est le tombeau ?
Je vois autour de moi se former la tempête
Qui doit en éclatant faire tomber ma tête.
Je sais que je ne puis me dérober au sort,
Et je crains cependant de me donner la mort.
J'ai beau vouloir chasser cette funeste idée,
Mon ame, à chaque instant, par elle est obsédée.
Tout me dit : c'est en vain, Turmon, que tu veux fuir ;
Rien ne peut te sauver ; ce jour doit te punir
D'avoir versé le sang de la faible innocence.
Frappe-toi si tu veux alléger ta souffrance.
J'entends ce triste accent, et ma main n'ose pas,
Par un coup généreux, me donner le trépas.
Ce fer, dont j'ai frappé tant de tristes victimes ;
Ce fer, qui dans mes mains a commis tant de crimes,

Ne peut pas m'arracher au honteux échafaud ;
Il ne peut m'envoyer dans la nuit du tombeau.

ÉMILIE.

Ainsi la lâcheté vous tient lieu de furie ;
A défaut de remords, votre ame en est punie.

TURMON.

Malheureux ! si du moins j'étais sûr en mourant
De rentrer tout entier dans le sombre néant,
Peut-être je pourrais, bannissant toute crainte,
Voir approcher la mort sans proférer de plainte.
Mais je crains de trouver, sur le bord infernal,
Un Dieu vengeur, armé de son foudre fatal,
Qui viendra me punir, par des maux innombrables,
Du sang qui s'est versé sous mes mains implacables.
Par ce doute cruel, mon cœur est abattu.
De votre père en vain, admirant la vertu,
Je voudrais comme lui mourir avec courage ;
Mais, hélas ! je n'ai point sa grande ame en partage.

ÉMILIE.

Si vos cruelles mains, dans l'empire des morts,
Pouvaient ainsi, Turmon, vous plonger sans remords,
La justice du Ciel ne serait qu'imparfaite :
D'un brigand tel que vous il faut plus que la tête.
L'effroi que vous inspire un avenir douteux,
Joint à l'aspect prochain d'un trépas douloureux,
Sont le commencement de l'éternel supplice
Que vous a réservé la divine justice.
Entendez-vous ces cris qui viennent jusqu'à nous ?
D'un peuple furieux, ils marquent le courroux.
L'échafaud vous attend, vous devez vous y rendre ;
L'heure sonne, en la tombe il faut enfin descendre.

(*On voit dans le fond Florville, fils, qui s'avance lentement.*)

TURMON.

(*Laissant tomber son poignard.*)

Dieu..... ! que vois-je ! Florville.... ô pouvoir ignoré !
Ma main n'a donc porté qu'un coup mal assuré ;
Ou, pour me tourmenter, le Ciel, en sa vengeance,
Lui fermant le tombeau, lui rend-il l'existence ?
Ah ! fuyons son courroux, loin de ces tristes lieux,
Cherchons s'il est possible un antre ténébreux,
Où ne me suive pas l'ombre de mes victimes,
Et qui puisse cacher ma souffrance et mes crimes.

SCÈNE IV.

ÉMILIE.

Mon amant vit encor ; renaissez, ô fureur !
Contre sa voix puissante, endurcissez mon cœur.

SCÈNE DERNIÈRE.

ÉMILIE ; FLORVILLE, fils.

ÉMILIE.

Auteur de tous mes maux, assassin de mon père ;
Venez-vous insulter à ma douleur amère ?
N'est-ce donc pas assez des pleurs que je répands ?
Faut-il que votre aspect aggrave mes tourmens ?
Malheureux, laisse-moi ; votre sinistre vue,
Autant que mes malheurs, me chagrine et me tue.

FLORVILLE, fils.

D'un mortel odieux, pour la dernière fois,
Émilie, entendez la douloureuse voix.

Si j'ai fait vos tourmens, mon cœur aussi les paie;
Voyez mon sang, il coule à grands flots de ma plaie.
Encor quelques momens, Florville va mourir;
Un froid mortel dans lui déjà se fait sentir.

ÉMILIE.

Ingrat, que voulez-vous?

FLORVILLE, fils.

Un regard moins sévère.

ÉMILIE.

Quand vous fumez encor du sang de Robespierre.

FLORVILLE, fils.

N'accusez pas mon cœur de ce coup malheureux.
Le sort commit lui seul ce forfait odieux.
Par un enchaînement d'aventures sinistres,
Mes mains de ses fureurs devinrent les ministres.
Entre mon père et lui, je devais faire un choix:
Le cruel me dictait ses redoutables lois.
Il fallait, malgré moi, devenir homicide,
Ou, plus coupable encor, me rendre parricide....
Mais pourquoi rappeler ce triste souvenir?
Le moment n'est pas loin, bientôt je dois mourir.
Je descends à jamais dans la nuit éternelle;
Heureux si je vous trouve en mourant moins cruelle.

ÉMILIE.

Hélas!

FLORVILLE, fils.

C'est donc en vain, qu'embrassant vos genoux,
J'espère désarmer votre juste courroux:
Chargé de votre haine, il faut quitter la vie;
Florville doit mourir, sans vous voir attendrie.

ÉMILIE.

Non, je ne suis pas plus barbare que les Dieux ;
Puisqu'un remords suffit, nous dit-on, auprès d'eux,
Pour désarmer leurs bras et fléchir leur colère,
Votre amante ne peut vous être plus sévère.
Oubliant à jamais la terre et son malheur,
Elle laisse à Dieu seul à juger votre cœur.

FLORVILLE, fils.

Le trépas à présent ne cause plus ma crainte.
Je vois venir la mort sans sentir son atteinte.
Émilie a daigné pardonner mes erreurs ;
Grand Dieu ! vous n'aurez pas pour moi plus de rigueurs,
Il faut que je vous quitte, amante infortunée ;
Pour long-temps, pour toujours, la triste destinée
Va séparer deux cœurs que l'amour unissait.

ÉMILIE.

C'est en vain que le sort, Florville, le voudrait,
Je peux me dérober à son ordre barbare,
Et par un coup hardi vous rejoindre au tartare.
(*Elle ramasse le poignard qu'a laissé tomber Turmon.*)
Ce poignard, qui déjà s'est teint de votre sang,
Peut, malgré son pouvoir, se plonger dans mon flanc,
Et dans les sombres lieux ensevelir mon ame,
Pour m'unir à jamais à l'objet de ma flamme.

FLORVILLE, fils.

Fille trop généreuse, arrêtez votre main ;
Mon trépas seul suffit au courroux du destin.......
Oubliez-moi, vivez....; Florville vous en prie....;
Mais je me sens mourir ; c'en est fait..... Émilie,
Pour la dernière fois, écoutez votre amant :
Vivez.... si vous voulez.... abréger.... son tourment....

(*Il meurt.*)

ÉMILIE.

Il n'est plus....! Dieu puissant, prends-moi sous ton auspice ;
Et reçois de mes jours le sanglant sacrifice.

(*Elle se frappe.*)

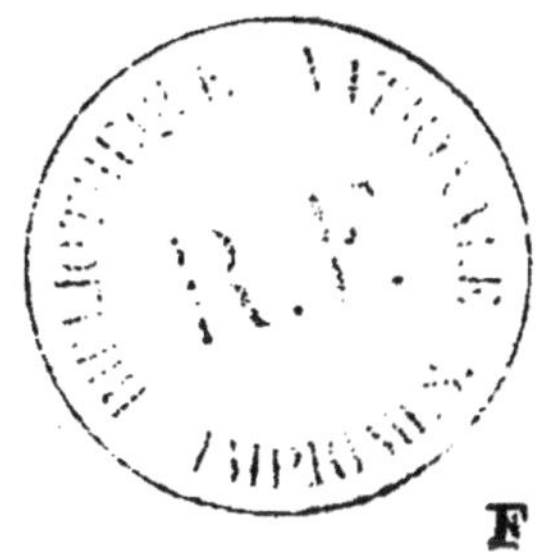

FIN.

www.ingramcontent.com/pod-product-compliance
Lightning Source LLC
LaVergne TN
LVHW011957160826
845678LV00002B/582

* 9 7 8 2 3 2 9 6 8 4 0 1 7 *